Burkhard Günther

Schwierigen Schülern souverän begegnen

25 hilfreiche Profi-Tipps für den Lehreralltag in der Grundschule

Burkhard Günther hat langjährige Erfahrung als Studienrat an Berliner Brennpunktschulen sowie in der Fort- und Weiterbildung von Lehrerinnen und Lehrern in den Bereichen Klassenmanagement, Gewaltprävention und Mediation. Er ist Autor mehrerer Fachbücher, hält Vorträge, coacht Lehrerinnen und Lehrer und berät Schulen.

Wir verwenden in unseren Werken eine genderneutrale Sprache, damit sich alle gleichermaßen angesprochen fühlen. Wenn keine neutrale Formulierung möglich ist, nennen wir die weibliche und die männliche Form. In Fällen, in denen wir aufgrund einer besseren Lesbarkeit nur ein Geschlecht nennen können, achten wir darauf, den unterschiedlichen Geschlechtsidentitäten gleichermaßen gerecht zu werden.

2. Auflage 2023

AAP Lehrerwelt GmbH
Veritaskai 3
21079 Hamburg
Telefon: +49 (0) 40325083-040
E-Mail: info@lehrerwelt.de
Geschäftsführung: Christian Glaser, Sandra Saghbazarian, Robin Schlenkhoff
USt-ID: DE 173 77 61 42
Register: AG Hamburg HRB/126335

Autorschaft: Burkhard Günther
Coverillustration: Julia Flasche
Satz: Satzpunkt Ursula Ewert GmbH, Bayreuth
Druck und Bindung: Esser printSolutions GmbH, Bretten

ISBN/Bestellnummer: 978-3-403-20561-6
www.persen.de

Liebe Kollegin, lieber Kollege,

eine große Herausforderung in unserem Beruf ist der Umgang mit den so genannten *schwierigen Schülern*[1]. Dazu sei vorneweg gleich gesagt: *Schwierige Schüler* gibt es eigentlich gar nicht! Doch dazu lesen Sie im Folgenden mehr. Da der Begriff jedoch gängig ist und es kein sprachlich knappes, landläufiges Äquivalent gibt, wird er auch in diesem Buch verwendet.

Ich möchte Ihnen mit diesem Buch helfen, sich als Lehrerpersönlichkeit und Ihren Unterricht weiterzuentwickeln – denn das ist eine wichtige Voraussetzung für eine gute Zusammenarbeit mit *schwierigen Schülern*.

Ich hoffe, dass manche Fragen Sie irritieren und herausfordern! Vielleicht regt es Sie an, über bestimmte Dinge neu nachzudenken und sich möglicherweise dadurch ein neues, sehr bewusstes Bild zu mancher Schulproblematik zu machen.

Bleiben Sie gesund und stark, damit Sie mit viel Freude und Kompetenz dem wunderbaren Beruf des Lehrers nachgehen können. Und denken Sie bitte stets daran: Sie sind der Lehrer, der dem Schultag die Farbe gibt!

Ihr

Burkhard Günther

Über die Reihe „Tipps kompakt"

Als Lehrkraft stehen Sie täglich vor Herausforderungen – der Schulalltag fordert Sie mental, sozial, fachlich und organisatorisch. Da ist ein kleiner Helfer, der Ihnen an den richtigen Stellen mit guten Tipps weiterhilft und unter die Arme greift, genau richtig! Unsere Reihe „Tipps kompakt" steht Ihnen mit konkreten Praxis-Tipps, die knapp das Wichtigste zusammenfassen und Ihnen einen schnellen, übersichtlichen Input geben, sowie mit Rat und Tat zur Seite. So haben Sie immer eine zuverlässige Hilfe für Ihren Lehreralltag zur Hand – getreu dem Motto „Schnell schlau gemacht!"

---

[1] Wir sprechen hier wegen der besseren Lesbarkeit von Schülern bzw. Lehrern in der verallgemeinernden Form. Selbstverständlich sind auch alle Schülerinnen und Lehrerinnen gemeint.

TIPP

1 Reflektieren Sie, wie Sie über Ihre Schüler denken

Ihre eigene Haltung gegenüber dem Schüler beeinflusst, wie Sie sich ihm gegenüber verhalten.

Daher die gute Nachricht: *Schwierige Schüler* gibt es gar nicht! Die existieren nur in Ihrer Vorstellung! Wie aber kommen wir dazu, Schüler schwierig zu nennen? Hier spielen unsere Gedanken uns einen Streich – mit erheblichen Folgen:

Unsere *Gedanken* bestimmen unsere *Gefühle*. Aus den Gefühlen ergeben sich unsere *Einstellungen*, die unreflektiert zu *Gewohnheiten* werden. Schließlich haben wir eine *Haltung* in Form fester *Glaubenssätze*. Aus der *Gewohnheit* entstehen dann unsere *Überzeugungen*, nach denen handeln wir. Eine Kette mit erheblichen Folgen.

Dabei können wir uns immer entscheiden und uns positive Gedanken machen oder negative. Das bleibt allein unsere (bewusste/unbewusste) Entscheidung.

Wenn wir positiv über einen Schüler denken, stellen sich positive Gefühle bei uns ein, dann sind unsere Glaubenssätze auch positiv, unsere Haltung ebenfalls. Und unsere Überzeugungen natürlich auch.

Wir können uns aber auch für negative Gedanken entscheiden. Dann kreieren wir uns negative Gefühle. Daraus erwachsen negative Einstellungen, Überzeugungen, Haltungen und Glaubenssätze. So ist die eigene Einstellung gegenüber einem Schüler grundsätzlich negativ!

Sie haben also immer die Wahl! Sie können mit der Entscheidung, wie Sie denken wollen, Ihren inneren Zustand jederzeit frei wählen!

Bitte denken Sie daran: Gedanken sind eine ungeheure Energie. Und Energie neigt dazu, sich zu entladen. In die eine oder andere Richtung. Wohin, das bestimmen Sie!

Reflektieren Sie Ihre eigene Haltung gegenüber einem schwierigen Schüler:

- *Was denke ich über den Schüler?*
- *Benutze ich Bezeichnungen wie Problemschüler oder schwieriger Schüler?*
- *Übernehme ich unbewusst Einstellungen anderer Kollegen?*
- *Stimme ich unbewusst Kommentaren anderer Kollegen über den Schüler zu?*
- *Pflege ich mehr Kontakte zu Kollegen, die so denken wie ich?*
- *Interveniere ich, wenn Kollegen negativ über Schüler sprechen?*
- *Betrete ich Klassen und denke: „Oh nein, die heute auch noch!"?*
- *Denke ich, wenn ich einen bestimmten Schüler sehe: „Oh Gott, der schon wieder!"?*

TIPP

2 Kommunizieren Sie bewusst

Ihre Art zu kommunizieren ist das Resultat Ihrer Gedanken.

Wie Sie bereits wissen, werden aus Gedanken Überzeugungen, die unsere Haltung und Einstellung Dingen oder Personen gegenüber bestimmen.

Die im Tipp 1 angesprochene Kette ist noch nicht ganz fertig, denn es fehlt noch ein weiteres wichtiges Glied: die Kommunikation.

Aus (unbewussten) negativen Gedanken entstehen Einstellungen in Form fester Glaubenssätze, die unsere Kommunikation mit anderen erschweren.

Denken wir negativ über einen Schüler, dann wird auch unsere Art der Kommunikation mit ihm eher negativ sein (Wortwahl, Stimme, Körpersprache).

Denken wir positiv über einen Schüler, begegnen wir ihm anders und kommunizieren auch entsprechend mit ihm. Wir entwickeln eine andere Haltung ihm gegenüber, weil wir positive Glaubenssätze über ihn in unserem Gepäck haben.

Denken Sie bitte immer an das Zitat von Watzlawick: „Wir können nicht *nicht* kommunizieren." In jeder Sekunde senden wir Botschaften und Signale aus, die meisten davon unbewusst.

Um sich immer wieder bewusst zu machen, was denn gute Kommunikation ausmacht, hilft möglicherweise die von mir entwickelte Formel:

W+E+R+A
(Wertschätzung, Empathie, Respekt, Achtsamkeit)

Wer immer mal wieder an WERA denkt, macht sich bewusst, dass Kommunikation ein höchst sensibles und wichtiges Feld ist – gerade im Umgang mit Schülern.

Und natürlich gehören zur Kommunikation auch die bewusst achtsame Auswahl der Wörter, das Timbre der Stimme und die gesamte Körpersprache.

Gerade die Mikromimik zeigt immer ungeschönt unsere aktuellen Gefühle, da gibt es kein Verstellen oder Lügen. Deshalb ist gelungene Kommunikation immer das Ergebnis gelungenen Gedankenmanagements.

Weg mit der dunkelgrau getönten Brille – her mit der rosaroten Brille

Wenn es bei Ihnen *Problemschüler* gibt, laufen Sie noch mit einem Negativfilter durch die Schule. Das ist eine dunkelgrau getönte Brille, durch die Sie *schwierige Schüler* betrachten. Nutzen Sie lieber die rosarote Brille für Ihre Schüler!

Durch eine dunkelgrau getönte Brille sehen die Schüler entsprechend aus, ohne dass sie dafürkönnen oder gerade einen Beitrag geleistet haben. Durch eine rosarote Brille betrachtet, kommen die Schüler ganz eindeutig besser weg! Welche Brille Sie tragen, ist immer Ihre Entscheidung. Kein Schüler setzt Ihnen eine entsprechende Brille auf. Dafür sind Sie allein verantwortlich. Auch wenn Sie mit einem Schüler eine negative Erfahrung gemacht haben, sollten Sie ihn immer durch die rosarote Brille betrachten. Denn erstens hat der

Schüler immer eine zweite Chance verdient und zweitens ist er Ihr Schüler, ein Kind, das nicht perfekt sein und alles können muss.

Sie sind immer auch der Lehrer, der nicht nur dem Schultag, sondern auch allen Schülern die Farbe gibt. Aus dieser Verantwortung heraus (und auch weil rosa schöner als dunkelgrau ist) sollten Sie alle Schüler durch die rosarote Nummer-1-Brille betrachten. Denn das beeinflusst auch Ihre eigene Stimmung in hohem Maße.

Nur wenn Sie unvoreingenommen Schülern gegenübertreten und diese als Person wertschätzen, können Sie auch in einen unbefangenen Kontakt mit ihnen kommen. Die falsche Brille auf der Lehrernase gefährdet die Qualität Ihrer Beziehungsebene zum Schüler mit weitreichenden Folgen: Die gemeinsame Kooperation wird torpediert!

Wie können Sie sich Ihre rosarote Brille zu einem Schüler erarbeiten?

Notieren Sie in einer Mindmap, welche Stärken der Schüler hat. Denken Sie nicht nur an seine Leistungen im Unterricht, sondern auch an Soziales, sein Verhalten in den Pausen etc.

Schreiben Sie zu den entsprechenden Punkten, was der Schüler konkret macht und welche positiven Eigenschaften der Schüler hat.

Nutzen Sie diese *Liste des Positiven* als Ihre rosarote Brille, wenn Sie mit dem Schüler arbeiten.

TIPP 4 Übernehmen Sie nicht unreflektiert die Meinung anderer Kollegen

Betrachten Sie nur Ihre eigenen Erfahrungen, die Sie mit einem Schüler gemacht haben, und umgeben Sie sich mit positiv denkenden Kollegen.

Gleich und Gleich gesellt sich gerne. Nur allzu gerne sind wir mit Menschen zusammen, die dieselbe Meinung vertreten wie wir. Deshalb ist das Lehrerzimmer leider auch eine Gefahrenquelle der Stigmatisierung von Schülern. Wenn Sie den lieben langen Arbeitstag über mit Kollegen zusammen sind, die eine grau eingefärbte Brille tragen und durch diese Schüler betrachten, fällt es schwer, andere (neue) Sichtweisen in das eigene Denken zu integrieren und Schüler durch eine andere Brille zu betrachten, als es die Kollegen tun.

Wenn Sie unbewusst und kritiklos dem Kollegentenor folgen und unreflektiert und widerspruchslos diese ungute Art der Loyalität pflegen, kommt es vielleicht dazu, dass Sie Schüler als *schwierig* bezeichnen und ansehen, mit denen Sie selbst gar keine oder nur leichte Probleme haben.

Daher: Suchen Sie im Lehrerzimmer den Kontakt zu Kollegen, die eine rosarote Brille tragen, die positive Energie ausstrahlen und Sie eher beflügeln als bremsen. Das befeuert die eigene Laune auf positive Art und versetzt Sie in die Stimmung, die Sie brauchen, um gut mit Schülern arbeiten zu können.

Wie können Sie für sich erarbeiten, welche Eindrücke über einen Schüler Ihre eigenen sind und welche Sie aus dem Lehrerzimmer mitgenommen haben?

Legen Sie dazu z.B. eine Mindmap an:

Verschriftlichen Sie in einem ersten Schritt, was sie an einem bestimmten Schüler *schwierig* finden. Formulieren Sie darin alles, was Sie an dem entsprechenden Schüler stört und nennen Sie Gründe dafür!

Schreiben Sie bitte auf, woher das Urteil über den Schüler stammt (von Ihnen oder von anderen?).

Schreiben Sie dann zu den entsprechenden Punkten, was der Schüler konkret gemacht hat, welches Verhalten Sie zu Ihrem Urteil *schwierig* gebracht hat.

Fragen Sie sich zum Thema „getönte Brille" bitte:

- *Woher kommt meine „getönte Brille", wenn ich an einen bestimmten Schüler denke? Welche negativen Erfahrungen habe ich selbst mit diesem Schüler gemacht?*
- *Gehören die Ausdrücke schwieriger Schüler/Problemschüler zu meinem pädagogischen Wortschatz?*
- *Lasse ich mich im Lehrerzimmer von der negativen Energie anderer anstecken?*
- *Denke ich häufig: „Oh, jetzt musst du in die Klasse x!"?*
- *Erwischen Sie sich dabei, dass Sie in einer Traube sich streitender Schüler einen bestimmten Schüler zur Ordnung rufen oder sagen: „Ach, du schon wieder!"?*
- *Was kann ich in Zukunft tun, um mich nicht von über einen Schüler negativ denkenden Kollegen anstecken zu lassen?*

TIPP 5 Beschreiben Sie Schülerverhalten, bewerten Sie es nicht

Unterscheiden Sie genau zwischen dem Schüler als Person und seinem Verhalten. Sein Verhalten können Sie beschreiben und negativ bewerten. Bewerten Sie aber nicht den Schüler als Person.

Evolutionär sind wir so veranlagt, dass wir gerne unbewusst verallgemeinern, kategorisieren, ein- und zuordnen – also letztlich bewerten, weil uns das bei der Orientierung in einer komplexen Welt hilft.

Für Lehrer ist das Bewerten durch Noten auch Teil des Jobprofils. Aber es verleitet dazu, eben auch Schüler als Personen zu bewerten. Und das allzu häufig im negativen, abwertenden Sinn.

Wenn wir Schüler als Person bewerten, sprechen wir eine Art Urteil über sie. Und beschreiben nicht das, was sie eigentlich tun. Dabei kommt es leicht zu

Stigmatisierungen (*schwieriger Schüler, lernresistenter Schüler*). Mit diesen Urteilen werten wir den Schüler als Person ab.

Wenn Sie als Lehrer genau beschreiben, was konkret ein Schüler macht, welches (Fehl-)Verhalten er genau zeigt, dann fahren Ihre negativen Gefühle, die Sie beim (Ver-)Urteilen bilden, automatisch runter. So behalten Sie den nötigen Respekt vor dem Schüler als Person, bleiben emotional kontrolliert cool und im pädagogischen Kontakt zu ihm. So können sie weiter erzieherischen Einfluss auf sein Verhalten nehmen.

Schauen Sie deshalb immer genau hin, was ein Schüler konkret gemacht hat, dann richten Sie Ihren Fokus nämlich auf sein (Fehl-)Verhalten und nicht auf ihn als Person. *Als Person ist er in Ordnung, sein Verhalten ist es aber nicht.*

Ihr Augenmerk gilt dann der Verhaltensänderung, die letztlich ja Ihr pädagogisches Ziel ist. Und der Schüler weiß, an welchem Verhalten er arbeiten muss.

Im Folgenden finden Sie einige Beispiele, wie Sie Schülerverhalten ganz konkret beschreiben können, ohne den Schüler als Person negativ zu bewerten:

- Statt „Michel ist lernresistent“ heißt es „Michel folgt nicht dem Unterricht“.
- Statt „Emily ist aggressiv“ heißt es „Emily hat Peer geschlagen“.
- Statt „Robin stört“ heißt es „Robin hat die Regel X gebrochen“.
- Statt „Hannah ist unzuverlässig“ heißt es „Hannah hat fünfmal die Hausaufgaben vergessen“.
- Statt „Tim ist unbeschulbar“ heißt es „Tim folgt nicht den Anweisungen des Lehrers und bringt kein Material mit in die Schule“.

TIPP 6 Entwickeln Sie Achtsamkeit in der Kommunikation

Achtsamkeit hilft Ihnen dabei, in Ihrer Kommunikation ganz im Hier und Jetzt zu sein und sich zugewandter und aktiver auf Ihren Kommunikationspartner einzustellen.

Achtsamkeit ist ein Konzept, das uns dazu anhalten soll, im Hier und Jetzt zu sein. Das ist gerade für Lehrer mit all den Herausforderungen, die ein Schultag mit sich bringt, nicht immer einfach.

Achtsam zu sein, bedeutet auch, sich bewusst zu sein, was man gerade tut oder auch unterlässt zu tun.

Gerade Lehrer stehen ständig im Fokus der Schüler, sind immer unter Beobachtung, stehen „voll unter Strom" und haben dabei auch noch Modellcharakter. Das bringt enorm viel Verantwortung mit sich.

Gerade in Kommunikationsprozessen, in die ein Lehrer während des gesamten Unterrichts eingebunden ist, ist es wichtig, immer ganz beim Gesprächspartner zu sein, ihm gut und aktiv zuzuhören, ihm Empathie zu schenken und seine Bedürfnisse und Wünsche hinter den Botschaften zu identifizieren und möglichst auch zu berücksichtigen.

Das ist in einem Tagesgeschäft von sechs Stunden plus Pausenaufsichten und aller noch nebenbei zu erledigenden weiteren Aufgaben ein recht anspruchsvolles Programm. Sich da in jedem Augenblick immer aller Dinge und Personen bewusst zu sein, scheint so gut wie unmöglich.

Trotzdem wäre es wünschenswert, wenn Lehrer gerade in der Face-to-Face-Kommunikation achtsam wären, denn mit achtsamer Kommunikation gelingt es weit besser, Missverständnisse und damit Konflikte zu vermeiden.

Wer achtsam im Hier und Jetzt ist, stellt sich auf seine Kommunikationspartner besser ein und kommt mit ihnen in einen tieferen Austausch, der sehr belebend und bereichernd wirken kann. Denn oberflächliche Kommunikation kostet Kraft und führt häufig zu wenig ertragreichen Ergebnissen, Missverständnissen oder zu Frust auf beiden Seiten.

Im Alltagsbetrieb übersehen Lehrer oft gerade die unerfüllten Bedürfnisse, die Schüler dann eher sozial ungekonnt-unglücklich in den Unterricht einbringen. *Schwierige* Schüler verhalten sich dann oft aufbrausend und laut.

Hier die Lehrerwahrnehmung besser zu schulen und achtsam alle im bedürfnisorientierten Blick zu haben, wäre eine lohnenswerte pädagogische Herausforderung. *Erst die Person, dann das Fach*, könnte eine achtsame Maxime sein.

Wer achtsam und individuell flexibel gerade mit *schwierigen* Schülern kommuniziert, wird feststellen, dass sich der Kontakt zu ihnen eher intensiviert. Denn Achtsamkeit ist die Eingangspforte zum Du und öffnet Schülerherzen, während Strafandrohungen und Sanktionen meist ins Leere laufen.

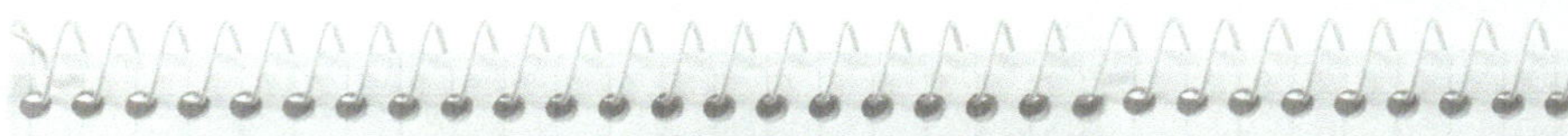

Beantworten Sie bitte für sich folgende Fragen:

- *Wenn Ihre Kommunikation mit Schülern ins Stocken gerät, welche Gründe hat das?*
- *Bleiben Sie in Konfliktgesprächen mit Schülern emotional gelassen?*
- *Hören Sie gelassen weiter zu, wenn Ihr Kommunikationspartner Ihnen gegenüber eine Ihnen völlig fremde Meinung äußert?*
- *Achten Sie in der Kommunikation auf Ihre Gestik, Mimik und Zugewandtheit sowie die des Kommunikationspartners?*
- *Können Sie anderen lange zuhören, ohne sie zu unterbrechen?*

TIPP

7 Entwickeln Sie Achtsamkeit für sich selbst

Machen Sie Selbstfürsorge zu einem wichtigen Teil Ihres Schulalltags – gerade wenn Sie viel mit schwierigen Schülern konfrontiert sind.

Das Konzept der Achtsamkeit umfasst auch die Sorge des Lehrers um seine eigene Gesundheit. Es nützt Schülern und Kollegen wenig, wenn sich Lehrer derart verausgaben, dass sie häufig erkranken.

Selbstfürsorge ist eine professionelle Aufgabe, die zu wenig im Fokus der Lehrer steht. Es geht darum, Gesundheit zu kreieren, denn Gesundheit fällt nicht vom Himmel. Sie ist an bestimmte Verhaltensweisen und Denkmuster geknüpft, für die jeder Lehrer selbst Sorge und Verantwortung trägt.

Achtsam mit sich selbst umzugehen, bedeutet, mit den eigenen Ressourcen gut zu haushalten. Ein wichtiger Beitrag dazu ist, sich selbst als handelnd, *mit dem Zepter in der Hand*, zu empfinden und das Gefühl zu haben, dass man die Dinge kontrollieren und aktiv gestalten kann.

Gerade im Umgang mit schwierigen Schülern ist dies enorm wichtig. Hier gilt es im Sinne der Achtsamkeit, selbst kontrolliert zu bleiben und aufkommende Gefühle wieder herunterzufahren. Nur so behalten Sie die Fäden der Unterrichtsführung in der Hand. Natürlich können und sollten Sie auch Ärger ausdrücken – bleiben Sie dabei aber kontrolliert. Wenn Sie Ihre Gefühle gut kontrollieren, können Sie Ärger auch gezielt spielen, um ihn in der passenden Situation pädagogisch zu nutzen.

Deshalb, Lehrer, denkt an euch, geht gut mit euch und euren Ressourcen um. Wer sich selbst gut behandelt, wird auch von anderen gut behandelt. Und wer die richtigen Emotionen zum richtigen Zeitpunkt aufgrund von Achtsamkeit kreieren kann, der sorgt auf besonders nachhaltige Weise für sich selbst (und andere).

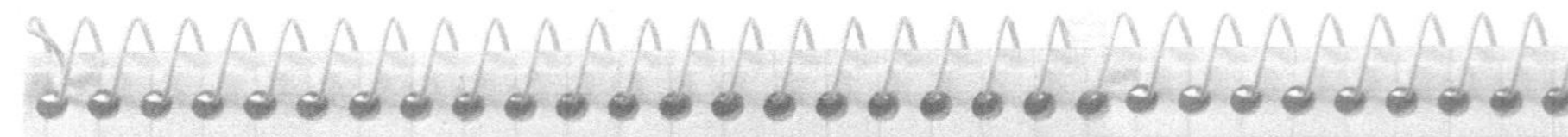

Fragen Sie sich bitte:

- *Was tue ich in der Schule, um immer wieder aufzutanken?*
- *Wo und wann erhole ich mich während eines Schultages?*
- *Welche positiven Energiequellen zapfe ich an?*
- *Gibt es Kollegen, die inspirierend und bereichernd auf mich wirken?*
- *Was könnte ich verändern, um noch besser für mich zu sorgen?*
- *Wie gelingt es mir, gerade in Konfliktsituationen noch gelassener zu bleiben?*

TIPP

8 Sie sind das Modell

Der Lehrer lebt vor, die Schüler leben nach.

Als Lehrer sind Sie das Modell für Ihre Schüler. Die Schüler lernen nicht nur Mathe und Deutsch bei Ihnen, sondern auch von Ihnen als Person und von Ihrem Verhalten im Unterricht – wenn's gut läuft und wenn's schlecht läuft. Und wie Sie so drauf sind, wenn's mal richtig knallt.

Das heißt, Ihre Schüler orientieren sich an Ihnen. Sowohl an Ihrer Art der Kommunikation als auch an der Art, wie Sie in der Klasse auftreten. Besonders auch an der Art, wie Sie mit Konflikten und Regelbrüchen umgehen. Alles, was Sie zulassen, wird als Ihr Standard interpretiert. Lassen Sie Regelbrüche durchgehen, orientieren sich die Schüler daran. Gerade die sogenannten *schwierigen* Schüler testen Sie aus, wollen von Ihnen klare Grenzen kommuniziert haben, an denen sie sich orientieren können.

Das liegt unter anderem auch daran, dass diese Schüler zu Hause und in ihrer Peergroup nicht unbedingt nur hilfreiche und positiv animierende Vorbilder zur Verfügung haben. Deshalb haben Lehrer auch den Erziehungsauftrag und damit noch mehr Verantwortung. Je weniger positive Vorbilder ein Schüler in seinem privaten Umfeld hat, desto wichtiger wird der Lehrer.

Das, was der Lehrer tut, wird von Schülern besonders fein beobachtet und abgespeichert:

- Stellt er unpünktliche Schüler zu Recht zur Rede, beginnt seinen Unterricht aber selbst stets zu spät, wird er unglaubwürdig.
- Pocht er auf ordentliche Materialien, hinterlässt aber selbst nach jeder Stunde ein mediales Chaos, passt das nicht zusammen.
- Springt er Schülern gegenüber in seinen Stimmungen, können sich die Schüler nicht auf ihn und seine pädagogischen Vorstellungen einstellen.

Deshalb ist klare und berechenbare Regelauslegung für Schüler als Anhaltspunkt für gewünschtes Verhalten sehr wichtig.

Ihr gesamtes Auftreten sollte allen Schülern gegenüber gleich freundlich sein, denn gerade die *schwierigen* sind höchst sensibel, wenn es um eigene Befindlichkeiten geht. Je weniger Selbstwert ein Schüler hat, desto empfindlicher ist seine Persönlichkeit.

Ihre Sprache Schülern gegenüber hat ebenso zentrale Vorbildfunktion und sollte deshalb immer bewusst und achtsam gewählt sein. Die gewaltfreie Kommunikation kann hier modellbildend wirken.

Wer als Lehrer authentisch auftritt, hat die besten Chancen, von den Schülern ernst genommen zu werden. Authentizität erreichen Sie, indem Sie sich stetig weiterbilden und auch die eigene Persönlichkeit immer wieder auf den Prüfstand stellen. Dadurch sind Sie pädagogisch auf dem neuesten Stand und verfügen über die notwendigen Tools, um auf alle denkbaren Unterrichtssituationen die passende Antwort geben zu können. Im richtigen Ton dürfen Sie gerne auch Ihre Gefühle zeigen und verbalisieren!

Wenn Authentizität sich mit Professionalität paart, wenn Achtsamkeit und Empathie als Beigabe hinzukommen, dann entsteht ein Lehrermodell, das sich gerade in kritischen Unterrichtssituationen auch der Unterstützung der Schüler sicher sein kann.

Arbeiten Sie bitte an allen Facetten Ihrer Persönlichkeit. Auch ein gepflegtes Äußeres gehört dazu. Alle Regeln, die Sie aufstellen, gelten auch für Sie und sind auch für Sie verbindlich!

Identifizieren Sie Ihre wunden Punkte und arbeiten Sie an deren Heilung. Je weniger Angriffsfläche Sie den Schülern bieten, desto besser für Sie. Das heißt aber nicht, dass Sie nicht auch mal Ihren Ärger und Ihre Verletzlichkeit zeigen dürfen. Denn die gehören auch zu einem authentischen Auftritt.

Bleiben Sie deshalb cool, gerade wenn's eng wird, und geben Sie in jeder Lage ein passend taugliches Modell ab. Dann können die Schüler noch viel mehr als Mathe und Deutsch von Ihnen lernen.

- *Gibt es häufig Momente im Unterricht, in denen Sie sich verstellen müssen?*
- *Beharren Sie auf Werten, die Ihnen wichtig sind, oder stellen Sie diese auch infrage?*
- *Haben Sie zusammen mit der Gruppe die Regeln erarbeitet, von denen Sie glauben, dass sie für den Unterricht wichtig sind?*
- *Was tun Sie, damit diese Regeln im Bewusstsein der Schüler täglich verankert werden?*
- *Halten auch Sie sich an die Regeln, die Sie mit Ihren Schülern aufgestellt haben?*
- *Wie intervenieren Sie, wenn Schüler sprachlich über die Strenge schlagen?*
- *Was genau tun Sie, um Ihre Werte den Schülern gegenüber zu vermitteln?*

TIPP 9 Behalten Sie Ihre Selbstwirksamkeit

Mit den richtigen pädagogischen Tools in den Händen, einer professionellen Einstellung und einer achtsamen Haltung stellen Sie sich gut für den Lehrerberuf auf.

Selbstwirksamkeit zu spüren, ist ein Grundbedürfnis von Menschen, um Zufriedenheit und Glück zu erfahren. Selbstwirksamkeit erleben heißt etwas zu bewirken, für andere etwas zu bedeuten, andere zu inspirieren und anzuregen. Selbstwirksamkeit als Lehrer bedeutet, in allen Unterrichtssituationen handlungsfähig zu sein und die richtigen pädagogischen Tools im Handwerkskoffer zu haben, um klug und nachhaltig reagieren zu können.

Lehrer spüren Selbstwirksamkeit, wenn sie Einfluss auf einzelne Schüler, aber auch auf die gesamte Gruppe haben. Der Lehrer als Klassenmanager hält die Fäden in der Hand und bewirkt etwas.

Voraussetzung dafür ist, dass er gute Beziehungen zu den Schülern hat und diese Beziehungen auch pflegt. Denn das Unterrichtsklima fällt nicht vom Himmel, es setzt sich immer zusammen aus der Qualität der Beziehungsebenen Lehrer-Schüler und Schüler-Schüler.

Selbstwirksame Lehrer sind sozusagen „Klimabeauftragte". Sie haben sich darum zu kümmern, dass ein lernförderliches Klima entsteht, in dem gegenseitiger

Respekt zum Standard der Zusammenarbeit wird, dass Regeln eingehalten werden und Konsequenzen folgen, wenn dies nicht der Fall ist.

Der selbstwirksame Klassenmanager sollte auch delegieren, Verantwortung abtreten oder sie mit der Gruppe oder einzelnen Schülern teilen können. Selbstwirksame Pädagogen sind Vorbilder und Modelle für alle, sie werden als gerecht und fürsorglich erlebt.

Dafür brauchen Sie als Lehrer eine starke Persönlichkeit und überzeugende Auftritte in der Klasse. Sie benötigen Stimme und Körpersprache, teilweise auch den Einsatz schauspielerischer und theaterpädagogischer Mittel.

Das Kompetenzspektrum von Lehrern ist sehr weit gefächert. Sie müssen verstehend, wertschätzend und respektvoll kommunizieren, Beziehungen aufbauen und gestalten können, empathisch, authentisch, zugewandt und führungsstark sein, über fachliches Wissen verfügen und Konflikte konstruktiv moderieren können. Natürlich müssen sie auch über Frustrations- und Ambiguitätstoleranz verfügen und interkulturell agieren.

Um selbstwirksam zu bleiben, wird sich eine professionelle Persönlichkeit immer wieder hinterfragen und an sich arbeiten. Es ist ein lebenslanger Prozess, selbstwirksam zu bleiben, denn es gilt, sich immer wieder mit neuen Herausforderungen zu arrangieren und auf Neues einzustellen.

Dafür braucht es eine resiliente Persönlichkeit, eine flexible und elastische Denkkultur, die eigene hinderliche Muster immer wieder erkennt, infrage stellt und aufbricht, um neue Handlungsalternativen in die eigene Persönlichkeit und pädagogische Arbeit zu integrieren.

Beantworten Sie für sich bitte folgende Fragen:

- *Fordere ich zu meiner pädagogischen Arbeit ein aktives Feedback meiner Schüler ein?*
- *Bilde ich mich regelmäßig fort?*
- *Fühle ich mich pädagogisch auf dem neuesten Stand?*
- *Gibt es Situationen im Unterricht, wo ich an Grenzen stoße?*
- *In welchen pädagogischen Bereichen fühle ich mich noch unsicher?*

TIPP
10 Überprüfen Sie Ihr eigenes Konfliktverhalten

Als Lehrer haben Sie in Bezug auf Konflikte verschiedene Aufgaben: Sie müssen gutes Konfliktverhalten vorleben, Konflikte in Gruppen erkennen und dürfen nicht scheu sein, offensichtliche Konflikte anzusprechen und zu bearbeiten. Dazu müssen Sie Ihr eigenes Konfliktverhalten genau kennen.

Die Schule ist eine Zwangsgemeinschaft. Konflikte sind an der Tagesordnung und normal. Jeder Lehrer sollte deshalb über passende Konfliktlösungsstrategien verfügen, denn eine professionelle Konfliktexpertise gehört zu den Basics des Lehrerberufs.

Unreflektiertes Konfliktverhalten von Lehrern ist in mehrfacher Hinsicht bedenklich: Einerseits, wenn Schüler destruktives oder aggressives Verhalten durch Lehrer vorgelebt bekommen – wenn schon der Lehrer nur so auf Konflikte reagieren kann, wie soll es der Schüler dann besser machen?

Andererseits, wenn Lehrer nicht in der Lage sind, Konflikte in ihren Gruppen zu erkennen und konstruktiv zu bearbeiten. Ebenso bedenklich ist die Haltung, offensichtliche Konflikte aus Scheu zu ignorieren.

In der eigenen Biografie begründete (persönliche) Motive für Konfliktscheu und Ängste in Konfliktsituationen müssen wahr- und ernst genommen werden. Ängste sind wichtige Signale, das eigene Konfliktverhalten zu überdenken und zügig zu verändern, denn den Umgang mit konfliktträchtigen Situationen kann man trainieren. Das Wissen, was zu tun ist, kann die Bereitschaft, hinzuschauen und einzugreifen, wesentlich fördern.

Oft ist unser Konfliktverhalten in frühester Kindheit geprägt und als Muster unbewusst in uns angelegt worden. Damals, als Kind, war das Konfliktverhalten möglicherweise passend. Heute, als Erwachsener, passen die erlernten Muster eventuell nicht mehr zum aktuellen Leben.

Der erste und wichtigste Schritt hin zu einem kompetenten Konfliktverhalten besteht darin, das eigene Konfliktverhalten (eher konfliktscheu/konfliktfreudig) zu verstehen und zu klären.

Für die Selbstreflexion lassen sich zwei Themenfelder beschreiben:

- die Bestandsaufnahme aktueller Haltungen/Einstellungen zum Thema Konflikt
- der selbstkritische Blick auf den eigenen Weg dorthin (also auf biografische Einflussfaktoren)

Die folgenden Fragen sollen Ihnen dabei helfen, Ihre aktuellen Haltungen und Einstellungen Konflikten gegenüber zu klären und über die eigene Konfliktbiografie nachzudenken:

- *Habe ich mein Konfliktverhalten schon einmal infrage gestellt?*
- *Empfinde ich Konflikte als positiv oder als negativ, als belastend oder entwicklungsfördernd?*
- *Woher habe ich mein Konfliktverhalten?*
- *Wer hat es mir wann beigebracht?*
- *Passt es noch zu meiner heutigen privaten/beruflichen Situation?*
- *Was kann ich/können Schüler an Konflikten lernen?*

Die Prämisse pädagogischer Arbeit sollte lauten: Konflikte sind herzlich willkommen, denn sie bieten die wunderbare Möglichkeit, dass alle daran lernen dürfen. Ein Konflikt ist nicht mehr und nicht weniger als ein Interessenausgleich. Und die Interessen von Menschen sind nun mal sehr verschieden. Es geht also nur darum, auf welche Weise und in welcher Art man Konflikte löst.

TIPP

11 Nehmen Sie sich Zeit

Nehmen Sie sich für die Kommunikation mit Ihren Schülern Zeit – auch wenn es mal hektisch ist.

Wir reagieren in der alltäglichen Kommunikation häufig viel zu schnell, besonders in einer Schulstunde, in der wir möglichst viel schaffen wollen. Da muss es zack, zack gehen, da ist dann gerade für langes Gerede überhaupt keine Zeit - mit der Folge, dass Missverständnisse und folglich Konflikte in der Hektik des Schulalltags produziert werden. Mit erheblichen psychischen und physischen Folgen für alle Beteiligten.

Wenn wir schnell und unbewusst kommunizieren, dann steigt die Quote für Missverständnisse rasant schnell an. Wenn wir uns immer wieder bewusst machen, dass wir in der Schule mit jungen Menschen kommunizieren, deren Gefühlswelt noch viel stärker schwankt als unsere eigene, dann sollten wir lernen, viel genauer hin- und zuzuhören. Und uns deutlich mehr Zeit für intensiveren Austausch nehmen.

Um nicht in die Falle der Missverständnisse und Vorverurteilungen zu tappen, müssen wir die Kommunikationsprozesse in der Schule entschleunigen und uns füreinander auch deutlich mehr interessieren. Einander interessiert zuzuhören, ist eine viel zu wenig beachtete Kompetenz und heißt, die Bedürfnisse der anderen wahr- und ernst zu nehmen.

Fragen Sie sich dazu bitte:

- *Höre ich meinen Schülern aktiv und gut zu?*
- *Gehe ich auf jede Antwort wirklich ein?*
- *Blende ich bestimmte Beiträge aus, um meine Unterrichtsziele schneller zu erreichen?*
- *Gebe ich auch unkonventionellen Beiträgen den nötigen Raum?*
- *Bin ich offen dafür, dass eine Stunde auch mal ganz anders läuft als geplant?*
- *Wie groß ist mein Anteil an der Kommunikation, wie groß ist der der Schüler?*

TIPP 12 Stärken Sie die Beziehung zu Ihren Schülern

Wichtigste Voraussetzung für nachhaltiges Lernen ist die Kompetenz der Lehrer, zu Schülern eine tragfähige Beziehung aufzubauen.

Alles Lehren und Lernen ist eingebettet in ein Beziehungsgeschehen und diese Beziehungen haben direkten Einfluss auf das Verhalten und die Leistungsfähigkeit von Schülern (und Lehrern).

Beziehungsfreundliche Unterrichtsszenarien erlauben es, mit dem Schüler in Kontakt zu kommen. Dadurch bekunden Sie als Lehrer echtes Interesse am Schüler und sie bekommen die Möglichkeit, auch etwas über seine Gefühle und seine aktuelle Stimmung, etwas über seinen privaten und persönlichen Background zu erfahren.

Wenn Schüler Ihnen etwas erzählen (auch wenn das Erzählte für Sie manchmal banal klingt, für die Schüler ist es wichtig), schenken Sie ihnen kurz Ihr Ohr, das wirkt Wunder. Schüler fühlen sich gesehen und gehört, werden ihnen in Zukunft mehr Vertrauen schenken und deshalb weniger Schwierigkeiten machen.

Gerade bei Schülern, deren Verhalten nicht immer regelkonform ist, lohnt es sich, in gute Beziehung zu gehen, denn gerade im Konfliktfall können Sie dann auf diese Beziehung bauen.

Eine gute Möglichkeit zum Aufbau einer tragfähigen Beziehungsebene ergibt sich durch das Loben. Jeder Schüler kann etwas und auch Ihr größter Unsympath hat Qualitäten. Sehen Sie diese und heben Sie sie hervor.

Gerade Schüler, die im Fachunterricht nur wenig glänzen können, brauchen positive Feedbacks, um am Ball zu bleiben.

Beziehungen werden auch gestärkt, wenn Sie gemeinsam mit der Klasse Regeln aufstellen, die Schüler mit einbeziehen und ihnen Verantwortung übertragen.

Auch wenn Sie mit den Schülern Verhaltensverträge schließen, die von beiden Seiten unterschrieben werden, merken die Schüler, dass sie ernst genommen werden.

Gute Beziehungsarbeit bedeutet für den Schüler, dass er sich gesehen und ernst genommen fühlt. Und wer sich so fühlt, muss keine Regeln mehr brechen, um auf sich aufmerksam zu machen. Dann ist auch das Schülergehirn im Ruhezustand und für nachhaltiges Lernen bereit.

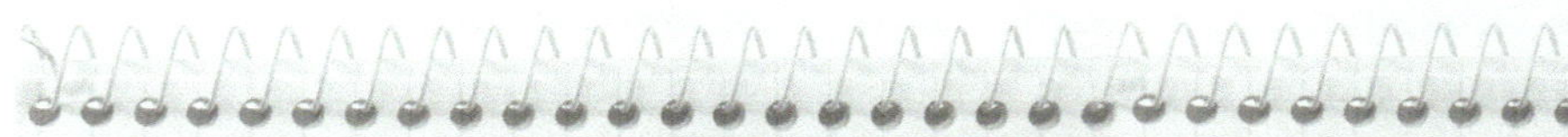

Fragen Sie sich bitte:

- *Was tue ich konkret in meinem Unterricht, um die Beziehungsebene positiv zu befeuern?*
- *Wo gebe ich Verantwortung an Schüler ab?*
- *Was kann ich morgen schon in meinen Unterricht integrieren, um die Beziehungsarbeit noch zu intensivieren?*

So können Sie die Beziehung zu Ihren Schülern gezielt pflegen:

- Mit dem Schüler in neutralen Situationen sprechen, Interesse zeigen und dabei etwas über ihn erfahren: Was interessiert ihn, was ist in seinem Leben los?
- immer klare Instruktionen geben und loben, wenn sich der Schüler daran hält
- klare Strukturen und Regeln schaffen und deren Einhaltung loben
- generell positives Verhalten loben
- positive gemeinsame Erlebnisse (Spiele in der Klasse o.ä. im Schulalltag) schaffen
- Bonus-Programme einführen
- Verhaltensverträge schließen

TIPP

13 Nutzen Sie Rituale

Rituale im Schulalltag bieten Ihnen viele Vorteile: Sie geben Schülern feste Strukturen, Regeln werden aktiv geübt und Sie erhalten einen schnellen Eindruck von der aktuellen Gefühlslage der Kinder.

Sie haben es in diesem Buch schon mehrfach gelesen: Zentral für das tägliche Miteinander ist eine gute, tragfähige Beziehung zu Ihren Schülern – gerade auch zu den *schwierigen*.

Deshalb ist das Schaffen und Pflegen der Beziehung zu Ihren Schülern eine Ihrer wichtigsten Aufgaben. Und diese Beziehungspflege beginnt schon direkt bei der Unterrichtseröffnung:

Etablieren Sie dazu ein regemäßiges Willkommensritual wie *Check-in* oder *Blitzlicht*.

Check-in/Blitzlicht

Schüler und Lehrer sitzen im Stuhlkreis auf Augenhöhe und begrüßen sich, z.B.: *Wie geht es mir heute? Was erwarte ich?*

So bekommen Sie einen Eindruck von der Stimmung jedes Einzelnen. Jeder der Gruppe kommt zu Wort, zugleich wird aktive Gesprächsregelarbeit betrieben (jeder redet für sich, niemand wird unterbrochen, keine Kommentare). Außerdem üben die Schüler, ihre Gefühle zu versprachlichen und vor anderen zu äußern.

An der Architektur des von den Schülern erstellten Stuhlkreises kann das erfahrene Pädagogenauge sehen, zwischen welchen Schülern es eventuell nicht stimmt (wenn Abstände größer sind). So kann aktiv Präventionsarbeit geleistet werden, indem der Lehrer sofort interveniert und fragt, ob er irgendwo helfen kann oder ob es Probleme gibt.

Solch feste Rituale sind besonders für Leistungsschwächere gut geeignet oder für Schüler, die im Umgang mit anderen feste Abläufe benötigen. Die Schüler dürfen erst einmal ankommen, bevor es losgeht mit Mathe oder

Deutsch. Außerdem braucht jeder ein Warm-up, um sich immer wieder auf den Unterricht und die Gruppe einlassen zu können. Kein Gehirn kann aus dem Kaltstartmodus sofort hochfahren.

Energizer (Aktuvierungsspiele)

Nach dem Blitzlicht kann man einen *Energizer* anschließen, der dazu dient, die Gehirne der Schüler „auf Betriebstemperatur zu bringen".

Weil wir alle mit dem ganzen Körper lernen und weil im Unterricht viel zu wenig Bewegung herrscht, können Schüler mithilfe von Energizern beide Gehirnhälften aktivieren und ihren natürlichen Bewegungsdrang befriedigen.

Berührungsspiele erfüllen gleichzeitig das Kriterium der Präventionsarbeit. Denn den, den ich berühre, schlage ich nicht (oder zumindest seltener). Schüler kommen sich auf spielerische Weise näher und lernen sich besser kennen.

Energizer können verschiedenste Aktivierungsspiele sein, die z.B. folgende Themen haben: Kennenlernen/Gruppenbildung, Gruppeneinteilung, Aufmerksamkeit und Konzentration fördern, Entspannen, Aktivieren.

Jeder Unterricht braucht einen Anfang – und ein Ende. Mit dem Check-out bekommt der Lehrer eine zusätzliche Möglichkeit, besonders auch schwierige Schüler noch einmal für ein bestimmtes Verhalten zu loben, sodass sich gewünschtes Verhalten hier noch einmal verstärken lässt. Irgendetwas ist einem Schüler im Unterricht immer gelungen, das noch einmal kurz hervorzuheben, kann Wunder bewirken.

Check-out

Solch ein geplanter Abschluss einer Stunde ist notwendig, weil Schüler sonst gar nicht reflektieren, was ihr Lernfortschritt in dieser Stunde war oder welche Fragen noch offengeblieben sind.

Und auch der Lehrer weiß nicht, ohne die Schüler gefragt zu haben, wie diese Stunde bei ihnen angekommen ist. Er erhält ohne Feedback der Schüler keine Rückmeldung, ob seine Planung gut für alle war, wo es gehakt hat, was er beim nächsten Mal anders oder besser machen sollte.

Elemente des Check-outs sind:

- Feedback an die (einzelnen) Schüler durch den Lehrer
- Feedback der Schüler zur Unterrichtsstunde (War die Planung passend? Wo hat es gehakt? Was kann der Lehrer beim nächsten Mal anders oder besser machen?)
- Ergänzt werden können Erledigung von Klassendiensten, Tisch aufräumen, Sachen packen etc.

TIPP

14 Schüler stören nicht – sie brechen Regeln

Stellen Sie zusammen mit den Schülern Regeln auf und fordern Sie ganz konkret deren Einhaltung ein. Formulieren Sie gemeinsam mit den Schülern Konsequenzen für den Regelbruch. Fordern Sie bei Regelverstößen eine Auseinandersetzung mit der gebrochenen Regel ein.

Salopp formuliert könnte man sagen: Wenn Schüler Sie stören, wären Sie besser nicht Lehrerin oder Lehrer geworden!

Aber: Schüler stören gar nicht, denn bei entsprechender Betrachtungsweise brechen sie lediglich Regeln!

Störung ist ein sehr subjektiver Begriff, mit dem man pädagogisch schlecht arbeiten kann. Wenn verabredete Regeln gebrochen werden, muss das natürlich Konsequenzen haben. Der Schüler muss lernen, das nicht regelkonforme Verhalten zu verändern, um beim nächsten Mal nicht wieder gegen dieselbe Regel zu verstoßen. Das kann er aber nur, wenn sein Fehlverhalten konkret benannt wird. Zum Beispiel: Du hast gegen die Gesprächsregel *„Wir lassen einander ausreden!“* verstoßen.

Der Schüler benötigt ein konkretes pädagogisches Angebot, um sein Verhalten zu verändern. Sie können also zunächst den Verstoß benennen und dann fragen: *„Was willst du beim nächsten Mal tun, um nicht wieder gegen diese Regel zu verstoßen?"* Damit bekommt der Schüler den Auftrag zu überlegen, was er genau verändern möchte und wie er das konkret tun will.

Wenn Sie Ihrem Schüler nur sagen *„Du störst!"*, dann weiß er nicht, gegen welche Regel(n) er verstoßen hat. Außerdem werten Sie ihn mit der Bemerkung persönlich ab (die Aussage assoziiert: *„Du als Person störst!")*. Der Schüler wird sofort damit beginnen, seine verletzte Persönlichkeit zu verteidigen, meist indem er sein ganzes gelerntes Arsenal an Rechtfertigungsstrategien gegen den Lehrer auffährt: *Die andere haben ja auch gequatscht! Ich habe nicht gehört, dass der andere was sagen wollte! Sie haben mich immer auf dem Kieker!* etc.

Es gilt, bei Regelverletzungen unbedingt zwischen Person und Problem zu unterscheiden! Das ist die Voraussetzung dafür, dass der regelverletzende Schüler weiter zuhört und nicht von der pädagogischen Angel geht. Denken Sie an den Grundsatz: *Der Schüler als Person ist o.k., sein Verhalten leider nicht!*

- Führen Sie Regeln immer gemeinsam mit den Schülern in Ihrer Klasse ein, denn wer Regeln mit erarbeitet, neigt eher dazu, sie auch einzuhalten.
- Sprechen Sie einen Schüler bei Fehlverhalten direkt an und benennen Sie konkret die Regeln, gegen die der Schüler verstoßen hat. Noch besser: Lassen Sie den entsprechenden Schüler die Regeln nennen, gegen die er verstoßen hat.
- Vermeiden Sie es, den Schüler als Person zu kritisieren.
- Kritisieren Sie immer nur beobachtbares Verhalten.
- Fragen Sie den Schüler, was er in Zukunft tun kann, damit er die Regel(n) einhält. Ziel ist es, dass sich der Schüler in diesem Moment mit der gebrochenen Regel aktiv auseinandersetzt.

Störungen sind sehr subjektiv. Was mich als Lehrer an einem Montagmorgen nach einem wunderbaren Wochenende nicht stört, kann mich am Freitagnachmittag nach einer langen Arbeitswoche durchaus stören.

Was Lehrerin A stört, stört Lehrer B nicht. Das ist für den Schüler aber verwirrend, denn er benötigt einen verlässlichen Verhaltenskanon, der an der Schule verabredet ist und für alle gleichermaßen verbindlich sein sollte. Deshalb: Schaffen Sie nicht nur Regeln in Ihrer Klasse – es sollte auch ganz klar sein, welche allgemeinen Regeln bei Ihnen an der Schule gelten!

TIPP 15 Ohne Regeln geht es nicht

Stellen Sie gemeinsam mit Ihren Schülern Regeln auf.

Gerade die Schule braucht – wie jede Gesellschaft – Regeln, um das Miteinander verlässlich und für alle angenehm zu gestalten.

Es ist immer konstruktiv, wenn diejenigen, die die Regeln einhalten sollen, auch an deren Erstellung mitwirken. Dann ist die Wahrscheinlichkeit höher, dass die gemeinsam erarbeiteten Regeln auch eingehalten werden.

Zuerst einmal brauchen Schüler nicht sehr viele Regeln, das heißt, die Zahl der Regeln, die aufgestellt werden, sollte überschaubar sein.

Wie erarbeiten Sie gemeinsam mit Ihren Schülern Regeln?

Stellen Sie Ihren Schülern zwei Fragen:

1. Was brauchst du in der Schule, um gut arbeiten zu können?
2. Was brauchst du in der Schule, um dich gut zu fühlen?

Punkt 1 betrifft die Regeln des Zusammenarbeitens und Punkt 2 betrifft die Regeln des Zusammenlebens.

Nun bekommt jeder Schüler drei Kärtchen, auf denen er formulieren kann, was für ihn zu beiden Fragen wichtig ist.

Diese Kärtchen werden gesammelt und ausgewertet, dann von Schülern zusammengefasst und zu Regeln ausformuliert. Natürlich darf der Lehrer helfen.

Bei der Formulierung ist darauf zu achten, dass Regeln immer positiv formuliert werden (weil das Unterbewusstsein das Wort *Nicht* nicht kennt).

Zu jedem Regelblock gibt es höchstens drei bis vier Regeln.

Diese könnten wie folgt lauten:

Regeln des Zusammenarbeitens:

1. Zu Stundenbeginn bin ich in der Klasse und setze mich auf meinen Platz.
2. Ich bringe das vereinbarte Arbeitsmaterial stets mit.
3. Ich befolge die Anweisungen des Lehrers und arbeite zügig.

Regeln des Zusammenlebens:

1. Ich gehe freundlich mit anderen um, spreche respektvoll mit ihnen, lasse sie ausreden und verhalte mich tolerant.
2. Ich respektiere andere körperlich und respektiere auch ihr Eigentum.
3. Ich verzichte während der Schulzeit auf mein Handy.

Denken Sie daran: Stellen Sie immer nur überprüfbare Regeln auf und verabreden Sie gemeinsam mit den Schülern eindeutige Konsequenzen bei Nichteinhaltung.

Visualisieren Sie die Regeln im Klassenraum und machen Sie sie jeden Tag zum Gegenstand Ihres Unterrichts (aktive Regelarbeit).

Vor Beginn jeder Stunde können die Regeln beim Begrüßungsritual noch einmal vorgelesen oder in der Mitte ausgelegt und wiederholt werden. So lassen sich die Regeln in allen Köpfen schnell verankern.

TIPP 16 Entwickeln Sie klare Konsequenzen bei Regelverstößen

Ohne festgelegte und verabredete Konsequenzen können Sie sich das Aufstellen von Regeln sparen.

Regeln aufzustellen ist das eine, Konsequenzen und Wiedergutmachung bei Regelverstößen das andere!

Wenn Sie Regeln gemeinsam mit Schülern aufgestellt haben, dann sollten Sie mit der Gruppe auch besprechen, welche Konsequenzen Regelbrüche bei Ihnen haben. Und Sie sollten beim Anwenden der Konsequenzen immer konsequent bleiben, egal welcher Schüler gegen Regeln verstoßen hat.

Egal was Sie verabreden: Ziehen Sie es durch! So erleben Ihre Schüler recht schnell, wo bei Ihnen „der pädagogische Hammer hängt". Konsequente Lehrer sind eine gute und wichtige Orientierungshilfe gerade für die sogenannten *Schwierigen*. Gerade sie benötigen eine besondere Orientierungshilfe und müssen genau wissen, worauf sie sich einlassen, wenn sie wiederholt Regel brechen.

Am besten verabreden Sie als Klassenmanager mit allen anderen Lehrern der Jahrgangsstufe, was Ihre Konsequenzen sind. Noch besser einigen sich ganze Jahrgangsteams darüber. Je besser die Kollegen bei der Regelarbeit kooperieren, desto verlässlicher können sich die Schüler darauf einstellen.

Alle Konsequenzen richten sich immer nur gegen das nicht regelkonforme Verhalten eines Schülers, nicht gegen ihn als Person. Deshalb sollte immer nur beobachtbares Verhalten ins Kreuzfeuer der Kritik genommen werden.

Verhaltensänderungen beim Schüler kann man immer erst dann erwarten, wenn er Alternativen für sein Fehlverhalten kennengelernt hat. Voraussetzung dafür ist, dass er solche (in Kooperation mit dem Pädagogen) erarbeitet.

Zeigt der Schüler dann sein neu gelerntes Verhalten, gilt es, das auch anzuerkennen.

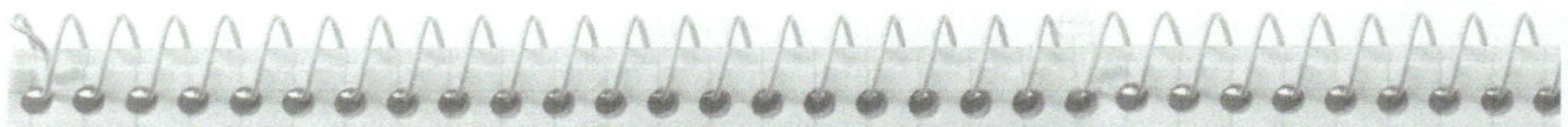

Fragen Sie sich:

- *Was tue ich genau bei Regelverstößen?*
- *Handle ich immer konsequent und einheitlich bzw. für die Schüler vorhersehbar?*
- *Was lernen die Schüler bei mir, wenn sie gegen Regeln verstoßen?*
- *Bekommen Schüler von mir Handlungsalternativen geboten?*

TIPP 17 Bleiben Sie mit der Trainingstisch-Methode an Regelbrechern dran!

Mit der Trainingstisch-/Trainingsraum-Methode muss sich der Schüler aktiv mit seinem Fehlverhalten auseinandersetzen.

Grundlage für den Trainingstisch/-raum ist die Arbeit nach den vier Leveln der Konfrontation:

Auf ***Level 1*** machen Sie Schüler mit einer (vorher verabredeten bzw. eingeführten) Geste auf seinen Regelverstoß aufmerksam.

Wird der Regelbruch wiederholt (***Level 2***), begegnen Sie dem Schüler mit einem ernst-unfreundlichen Gesichtsausdruck und deuten auf den Lehrertisch. Der Schüler holt sich eine dort bereitliegende gelbe Karte ab und legt sie vor sich auf den Tisch.

Auf dem ***Level 3*** konfrontieren Sie den Schüler mit drei Fragen:

1. *Was tust du gerade?*
2. *Gegen welche Regel hast du gerade verstoßen?*
3. *Was passiert, wenn du wieder gegen eine Regel verstößt?*

Der Schüler tauscht auf Fingerzeig des Lehrers die gelbe gegen die orangefarbene Karte aus und legt sie vor sich auf den Tisch. Der Lehrer fragt: *Möchtest du gehen oder bleiben?* Damit weiß der Schüler, dass ihm die Frage kein zweites Mal gestellt wird.

Auf **Level 4** muss der Schüler die Klasse verlassen (rote Karte). Er bekommt vom Lehrer, sofern die Schule nicht über einen Trainingsraum verfügt, einen Rückkehrplan, den er auszufüllen hat.

Wenn die Schule über keinen Trainingsraum verfügt, kann auch ein Trainingstisch genutzt werden:

Ein Tisch und ein Stuhl stehen vor der Klassentür. Der betreffende Schüler verlässt den Raum und füllt bei geöffneter Klassentür am Trainingstisch den Rückkehrplan aus. Der Lehrer schaut nach dem Schüler und bleibt ihm gegenüber kooperativ und freundlich.

Auf dem Rückkehrplan stehen drei Fragen, die der Schüler schriftlich beantworten muss.

1. *Gegen welche Regel(n) habe ich verstoßen?*
2. *In welcher Weise hat mir mein Fehlverhalten genutzt?*
3. *Was will ich beim nächsten Mal tun, um nicht gegen diese Regel(n) zu verstoßen?*

So bekommt der Schüler die Möglichkeit, sich mit seinem Fehlverhalten auseinanderzusetzen und zu überlegen, wie genau er sein Verhalten regelkonform gestalten kann. Der Lehrer unterstützt ihn dabei.

Anschließend oder am nächsten Tag stellt der Schüler seinen Plan vor der Klasse vor. Der Lehrer gibt ihm positives Feedback für seine Bemühungen, die Klasse auch.

Das hört sich sehr aufwendig an, spielt sich aber gut organisiert schnell ein. Und es ist gerade für Regelbrecher eine pädagogische Möglichkeit, ihr Verhalten zu verändern.

TIPP 18 Akzeptanz und Optimismus – zwei wesentliche Bausteine der Lehrerpersönlichkeit

Akzeptieren Sie die Rahmenbedingungen, mit denen Sie arbeiten, und dass einige Schüler Sie vor Herausforderungen stellen. Gehen Sie optimistisch damit um.

Aus der Resilienzforschung kennen wir die beiden Bausteine Akzeptanz und Optimismus als wichtige Kompetenzfelder einer Persönlichkeit. Sie helfen gerade in Krisen, mit Schwierigkeiten und Widrigkeiten umzugehen. Deshalb lohnt es gerade für Lehrer, diese inneren Kräfte zu wecken und weiterzuentwickeln.

Weil Lehrer ja oft auch Rahmenbedingungen von Schule wie marode Gebäude, zu viele Aufgaben (Erziehung und Bildungsauftrag), zu große Klassen, zu viele Pflichtstunden, nörgelnde Eltern, uninteressierte Schüler und vieles mehr beklagen, ist Akzeptanz ein wesentlicher Faktor, den es in der Lehrerpersönlichkeit zu entwickeln gilt.

Akzeptanz meint nicht, mit allem einverstanden und zufrieden zu sein. Es heißt vielmehr, seinen inneren Frieden mit den Dingen zu machen, die nicht zu verändern sind.

Denn es kostet enorm viel Kraft und Energie, ständig im Beschwerdemodus durch die Schule zu laufen und sich immer wieder über dieselben Dinge aufzuregen.

Nehmen Sie die Schüler, wie sie sind, es gibt keine anderen. Akzeptieren Sie das Schulgebäude, wie es sich im Augenblick darstellt, denn Sie werden nicht gleich morgen ein anderes geliefert bekommen ...

Akzeptanz hilft auch dabei, nicht ständig in den Klagemodus anderer Lehrer mit einzustimmen, die alles furchtbar und schrecklich finden. Das tut niemandem gut und wirkt kontraproduktiv – gerade in der pädagogischen Arbeit.

Wer akzeptieren kann, muss sich nicht ständig beschweren, denn auch aus Steinen, die im Weg liegen, kann man, wie Goethe es formulierte, etwas Schönes bauen.

Optimismus ist ein weiterer Baustein, den Lehrer in ihrer Persönlichkeit unbedingt brauchen. Denn Optimismus ist ansteckend und wirkt motivierend auf andere.

Gerade Schüler benötigen Optimismus und eine Zukunftsperspektive, sonst würde ja alles Lernen für die Katz sein. Lehrer, die Schüler begeistern können, sind ein wunderbarer Dünger für Lernprozesse.

Aus Optimismus erwächst ein positives Menschenbild. Wer stärkenorientiert auf Schüler schauen kann, der traut ihnen etwas zu. Das merken die Schüler. So gewinnen sie Selbstwert und werden mutig. Sie riskieren mehr, wenn sie Lösungen suchen, denn sie vertrauen den eigenen Kompetenzen.

Mit optimistischen Lehrern im Rücken werden Schüler ebenfalls Optimismus entwickeln können. Und wenn etwas dann mal nicht sofort klappt, bleiben optimistische Menschen trotzdem bei der Sache, sind seltener enttäuscht als Pessimisten und halten durch, bis sie am Ziel sind.

Optimisten gelingt auch mehr, denn sie gehen einfach davon aus, Erfolg zu haben. Sie können dadurch auch mit Frustrationen besser umgehen.

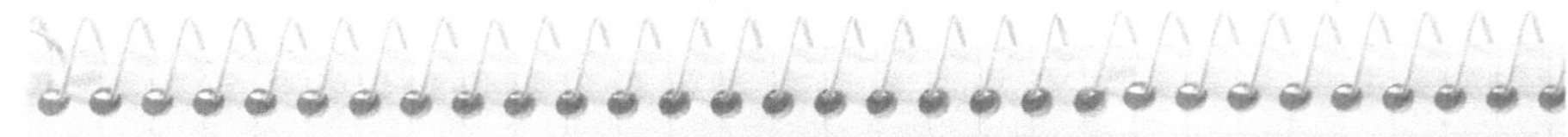

Fragen zu Ihrer Akzeptanz:

- *Kommen Sie mit „Gegenwind" klar?*
- *Regen Sie sich immer wieder über dieselben Dinge/Schüler/Kollegen auf?*
- *Gelingt es Ihnen, mit Unveränderbarem Frieden zu schließen?*
- *Verlieren Sie leicht die Fassung, wenn Dinge anders verlaufen als geplant?*
- *Hören Sie gerne andere Meinungen und Einschätzungen?*

Fragen zu Ihrem Optimismus:

- *Wie verbreite ich unter den Schülern Optimismus?*
- *Zweifle ich an bestimmten Schülern oder pushe ich sie trotz meiner Bedenken?*
- *Achte ich auf meine Stimmung und gehe bewusst positiv in meine Klassen?*
- *Lasse ich mich leicht von negativ geladenen Menschen runterziehen?*
- *Bleibe ich auch bei Widerständen gelassen und positiv gestimmt?*

TIPP 19 Refraimen Sie – stecken Sie Schüler in einen neuen Rahmen

Sehen Sie schwierige Schüler nicht als „Angreifer" – sehen Sie sie als Herausforderung.

Wenn Schüler regelmäßig in Ihrem Unterricht Regeln brechen und Sie Zeit und Nerven kosten, kann Ihnen das Refraiming helfen: Refraiming heißt „Umrahmung", also den, der vermeintlich als Angreifer oder Störer wahrgenommen wird, in einen neuen Rahmen zu stecken.

Machen Sie aus dem *schwierigen* Schüler einen *anspruchsvollen* Schüler, einen Schüler, der *kommunikativ ungekonnt-unglücklich agiert*, einen Schüler, der auf dem weiten Gebiet sozialer Kompetenzen *noch sehr lernfähig ist* und dem noch *viele persönliche Entwicklungsmöglichkeiten offenstehen*.

Wenn Sie in dieser Weise refraimen, den Schüler bildlich in einen anderen Rahmen stecken, werden Sie nicht nur andere Gefühle ihm gegenüber haben, auch ihre Art, mit ihm zu kommunizieren, wird eine andere sein.

Wenn Sie Schüler *schwierig* nennen, bewerten Sie diese, urteilen über sie, verurteilen und stigmatisieren sie als Person.

Du Schwieriger heißt auch: Werde so wie ich, dann können wir wieder miteinander reden. Wer sagt uns aber, dass wir das Maß aller Dinge sind? Außerdem handelt es sich um Kinder, deren Gefühlswelt eher labil ist, die noch keine fertigen Persönlichkeiten sind. Und Kinder sind bekanntlich keine Erwachsenenminiaturen, deshalb ticken sie auf ihre ganz eigene Art.

Wenn Sie aus dem *Schwierigen* einen *Herausfordernden* machen, einen *Anspruchsvollen*, einen, *der Ihre Aufmerksamkeit besonders benötigt*, gibt der Schüler schon ein anderes, weniger negativ konnotiertes Bild ab.

Rahmen Sie Bilder, die Ihnen zu Hause schon lange nicht mehr gefallen, um, stecken Sie sie in einen schönen, neuen Rahmen, dann steigt Ihre Stimmung, Ihr Wohlbefinden und Sie betrachten diese Bilder wieder gerne, denn sie erscheinen in einem anderen, viel schöneren Licht als vorher. Tun Sie dasselbe mit Schülern, die Sie bisher verurteilt haben!

Reframen geht ganz einfach, einige Beispiele:

Du Schwieriger! – Du Herausfordernder!

Du Problemschüler! – Du Schüler mit mangelhaft ausgebildeter Kommunikationsexpertise!

Du Störer! – Du Schüler, der Regeln bricht!

Wer verurteilt, klagt an. Dann geht der Angeklagte automatisch in den Verteidigungsmodus. So kommt man aber gerade in Konfliktsituationen nicht einen Zentimeter weiter im gemeinsamen pädagogischen Prozess.

Immer wenn Sie sich dabei erwischen, Urteile über andere zu denken oder zu sprechen, „rahmen" Sie bitte neu.

- *Welche Schüler/Kollegen werde ich in der nächsten Zeit in einen anderen Rahmen stecken?*

TIPP 20 Schwierige Schüler zeigen Ihnen Ihre wunden Punkte

Schüler sind sehr gut darin, ihre Finger in die emotionalen Wunden des Lehrers zu legen – lernen Sie daraus etwas über sich.

Weil Schüler Spezialisten für ihre Lehrer sind, wissen sie genau, wo sie Lehrer treffen können. Und jeder von uns ist ein Mensch mit einer Biografie, die auch Wunden hinterlassen hat, die wir nicht immer schon geheilt haben.

Menschen, die unsere „Knöpfe drücken" und uns dadurch scheinbar verletzen, helfen uns letztlich bei der Suche nach noch nicht bearbeiteten Baustellen in unserem Leben.

Seien Sie diesen Menschen also dankbar und verurteilen Sie sie nicht, denn die Verantwortung, dass diese Punkte noch nicht geheilt sind, liegt allein bei Ihnen.

Wenn Sie bestimmte Schüleräußerungen bisher als persönlichen Angriff empfundenen haben, deuten Sie diese bitte um und verbuchen sie unter „wertvolle Hinweise zu meiner Biografie". Es ist Ihre Aufgabe, sich Ihren alten Wunden zu widmen und dafür zu sorgen, dass sie geheilt werden.

Wenn Ihnen das gelingt, verlassen Sie automatisch die Opferrolle, übernehmen Verantwortung für sich und Ihr pädagogisches Handeln. So bleiben Sie mit dem Schüler in Kontakt, behalten Einfluss und Selbstwirksamkeit.

Wenn Sie im alten Muster bleiben, bewerten Sie, verurteilen und stigmatisieren. Das schafft Distanz statt Nähe und behindert die gemeinsame Arbeit.

So kommt man auf keine gemeinsame Beziehungsebene. Und schon gar nicht auf eine kooperative pädagogische Arbeitsebene.

Beantworten Sie hierzu folgende Fragen für sich:

- *Welche wiederkehrenden Themen und welches wiederkehrende Schülerverhalten bringen mich regelmäßig auf die Palme?*
- *Wann fühle ich mich macht- oder hilflos?*
- *In welchen Situationen fühle ich mich persönlich angegriffen?*
- *Warum fühle ich mich in den genannten Situationen so? Was könnte bei mir persönlich dahinterstecken?*

TIPP 21 Entwickeln Sie bitte auch Ihre konfrontative Seite

Nutzen Sie die Methoden der konfrontativen Pädagogik und machen Sie schwierigen Schülern deutlich: Du als Person bist o.k., dein Verhalten ist es nicht!

Der Schulalltag zeigt, dass herkömmliche pädagogische Sanktionsmittel (Tadel, Einträge, Maßnahmen nach dem Schulgesetz) bei einigen Schülern wenig bewirken und keine Verhaltensänderung herbeiführen. Strafen sind also keine Alternative, die zur Verhaltensänderung einladen.

Häufige Regelbrecher brauchen aber geeignete Lernangebote, um ihr nicht akzeptables Verhalten verändern zu können. Dabei kann die konfrontative Pädagogik wertvolle Hilfestellung leisten.

Sie ist eine Methode, kein Allheilmittel. Sie kann helfen, auch Lehrern ein pädagogisches Inventarium an die Hand zu geben, um Schüler mit problematischem Verhalten, Schüler, die soziale Kompetenzen nur ungenügend ausgebildet haben, die ungekonnt-unglücklich kommunizieren und interagieren, zu erreichen.

Konfrontative Pädagogik beinhaltet einen klaren Paradigmenwechsel, sie erfordert, auf Kleinigkeiten schnell und überproportional zu reagieren, damit Großes gar nicht erst passiert. Insofern ist sie eine Alternative, um mit abweichendem Verhalten produktiv umzugehen.

Ziel der Konfrontation ist es, eindeutige Grenzen zu ziehen. Dafür brauchen Lehrer natürlich Übung und eine leidenschaftliche Streitkultur – gerade auch gegen den Willen der ins Kreuzfeuer der Kritik Genommenen.

Konfrontative Pädagogik greift z.B. bei Mobbing, Vandalismus und Beleidigungen. Abwarten und gewähren lassen bedeutet, sich pseudotolerant zu verhalten. Alles, was der Lehrer akzeptiert, was er in seinem Unterricht laufen lässt, wird von den Schülern als sein Standard interpretiert.

Deshalb haben Konflikte immer Vorfahrt vor Facharbeit.

Es geht bei der konfrontativen Pädagogik nicht um die Wiederbelebung autoritärer Strukturen im neuen terminologischen Gewand. Denn vor jeder Konfrontation steht der Beziehungsaufbau zum Schüler. Und Voraussetzung für

Konfrontation ist eine intakte Lehrer-Schüler-Beziehung, die von Sympathie, Wertschätzung und Respekt getragen ist. Auf dieser Grundlage wird das abweichende Verhalten ins Kreuzfeuer der Kritik genommen.

Du als Person bist o.k., dein Verhalten ist es nicht!

Mittels paradoxer Intervention, also Reaktionen, welche die entsprechenden Schüler nicht gewohnt sind, die sie irritieren, wird ihr moralisches Bewusstsein erschüttert und prosoziales Verhalten gefördert. Frei nach der Devise: Klare Linie und Grenzziehung mit Herz!

Die konfrontative Arbeit sollte mit feinsinnigen nonverbalen Hinweisen beginnen, auch klare Ermahnungen beinhalten und bis zu produktiven Sanktionen reichen, die Schüler mit einer bestimmten Aufgabe (nämlich Verantwortung für das Fehlverhalten zu übernehmen und entsprechende Rückkehrpläne in den Unterricht zu erstellen) in den schuleigenen Trainingsraum zu entlassen.

Lehrer müssen dafür die Bereitschaft und Fähigkeit zu einer leidenschaftlichen Streitkultur mitbringen – auch und gerade gegen den Willen der Kinder, denn genau da setzt der Erziehungsprozess ein.

Mögliche Handlungsweisen können für Sie sein:

- Ziehen Sie logische Konsequenzen: Der Schüler erhält Auflagen, muss etwas wiedergutmachen oder verliert Vorzüge/Vergünstigungen.
- Lassen Sie den Schüler das erwünschte Verhalten durchführen, nachdem er eine Regel verletzt hat (direkte Verhaltenskorrektur).
- Setzen Sie den Schüler für eine bestimmte Zeit in einen bestimmten Bereich abseits der Klasse und geben Sie ihm eine Aufgabe, die sein nicht regelgerechtes Verhalten betrifft.
- Punktabzug-Programme (wenn man Bonus-Programme in der Klasse etabliert hat)

TIPP 22 Als Lehrer sind Sie Manager – entwickeln Sie Managerqualitäten

Im Lehrerberuf benötigen Sie auch die Qualitäten eines Managers.

Inzwischen hat sich in der Schule der Begriff Klassenmanagement etabliert – und das zu Recht. Denn Lehrer erfüllen Managementaufgaben, indem sie Gruppen zu Zielen führen.

Schüler sollen möglichst in großer Zahl den Schulabschluss schaffen. Dafür benötigen sie Begleitung, Anleitung und Unterstützung in vielfältiger Weise.

Ebenso wie Manager in Unternehmen müssen Lehrer mehr oder weniger große Gruppen anleiten. In der Soziologie spricht man bei Gruppen, die aus mehr als 15 Personen bestehen, bereits von amorpher Masse, die schwer zu leiten ist.

Nun haben Lehrer meist weit mehr als 15 Schüler in ihren Lerngruppen und müssen sich demzufolge genau überlegen, wie sie diese Gruppen zum Ziel bringen.

Um das zu schaffen, benötigt man genaueres Wissen über gruppendynamische Prozesse. Wie verhalten sich Gruppen? Wie verändern sie sich mit der Zeit? Wo habe ich Einfluss auf sie? Wie kann ich *schwierige* Schüler integrieren, damit auch sie den Abschluss schaffen? Das Wissen um das Gruppenphasenmodell von Lewin kann dabei wertvolle Dienste leisten:

Lewin unterteilte Gruppenprozesse in vier Phasen (forming, norming, performing, adjourning). Gemeint sind damit:

- der *Vorauschluss* (die Orientierungsphase)
- der *Anschluss* (der Wandlungsprozess der Gruppe zu mehr Kooperation inklusive Rollenvergabe und Akzeptanz aller Mitglieder)
- die *Differenzierungsphase* (in der das „Wir", das Gruppengefühl, verstärkt wird und die Leitung ihre Aufgabe weitgehend erfüllt hat)
- die *Trennungsphase* (durch Individuation und Auflösung gekennzeichnet) kommt für jede Gruppe, denn irgendwann braucht es die Gruppe nicht mehr, weil jedes einzelne Mitglied *alleine laufen gelernt hat*

Gerade größere Gruppen bzw. Klassen müssen so gefördert werden, dass sie irgendwann allein laufen und sich selbst steuern können. Ansonsten kommt der Lehrer gar nicht dazu, inhaltlichen Input zu geben, weil er überwiegend damit beschäftigt ist, gruppenspezifische Probleme und Konflikte zu managen oder auf einzelne Gruppenmitglieder erzieherischen Einfluss auszuüben.

Wie können Sie also als Lehrer-Manager vorgehen?

Aus der Metaebene betrachtet, gilt es erst einmal, gruppendynamische Prozesse anzuschieben, d.h. Gruppenmitglieder miteinander näher bekannt zu machen (z.B. durch Kennlernspiele).

Bereits am Anfang benötigen Gruppen feste Normen und Regeln für das Zusammenleben und Zusammenarbeiten. Diese gilt es, gemeinsam zu installieren und vor allem jeden Tag neu zu (be)leben.

Wenn sich die Gruppe näher kennt, braucht es Rituale, um das Gruppengefühl zu festigen und Regelarbeit lebendig zu machen, damit sich die gewünschten Verhaltensnormen in den Köpfen aller verankern (dafür eignen sich „Energizer", also Spiele, die die Gruppendynamik immer wieder neu befeuern und festigen).

Mit der Zeit sollte Verantwortung an die Gruppe abgegeben werden, der Lehrer kommt damit in die Rolle des Lernbegleiters. Er kann sich jetzt auf die Gruppe mehr oder weniger verlassen, die inhaltliche und individuelle Arbeit rückt nun mehr ins Zentrum, denn die äußeren Rahmenbedingungen, das Lernklima, stimmt so weit.

Jeder Lehrer sollte sich, wenn er neue Gruppen übernimmt, fragen, wie und nach welchen Kriterien er seine Gruppen bauen will, mit welchen Instrumenten er die Gruppendynamik befeuern möchte und was seine Rolle in den einzelnen Phasen ist.

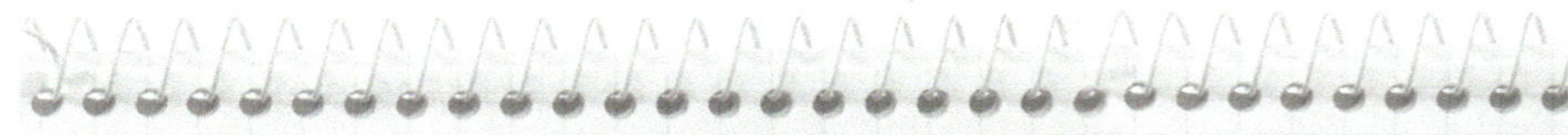

Fragen Sie sich bitte:

- *Was tue ich in meinen Lerngruppen für die Gruppendynamik?*
- *Plane ich explizit, damit sich die Gruppendynamik in jeder Stunde weiterentwickeln kann?*
- *Hätte ich in manchen Lerngruppen gerne eine andere Gruppendynamik?*
- *Was könnte ich konkret tun, damit sie sich verändert?*

TIPP

23 Achten Sie auf Ihre Körpersprache

Ihre Schüler beobachten (un)bewusst genau Ihre Körpersprache. Achten Sie daher wie ein Schauspieler auf Gestik und Mimik.

Wir Menschen kommunizieren zu bis zu 80 Prozent mit unserer Körpersprache, denn sie ist unsere „natürliche Sprache". Der verbale Anteil macht lediglich um die 20 Prozent aus.

Wir können zwar mit dem, was wir sagen, lügen, aber unsere Körpersprache können wir nicht verstellen, sie verrät uns immer.

An Gesichtern und Gesten können Sie bei einem handelsüblichen Vorrat an Empathie immer ablesen, wie es den Schülern gerade geht. Unsere Mikromimik sagt verlässlich aus und zeigt ungeschönt, welche Gefühle wir gerade mit unserem Denken erzeugt haben.

Seien Sie also gewiss: Ihre Schüler wissen, wie Sie gerade drauf sind. Ob Sie ein schönes oder eher bescheidenes Wochenende hatten, ob Sie gerne in diese Klasse kommen oder eher nicht. Ob Sie gerade eine angenehme Unterrichtsstunde hatten oder eine eher unangenehme.

Anhand Ihrer Mikromimik können Schüler eine Vorhersage treffen, wie Sie sich heute gegenüber der Klasse geben werden. Denn die Schüler kennen Sie genau. Gerade die *schwierigen* Schüler haben oft ein sehr sensibles Gespür für die Körpersprache ihrer Mitmenschen und können Sie als Lehrer besonders gut „lesen".

Deshalb lohnt es, sich der eigenen Wirkung auf die Schüler bewusst zu sein, auf Gestik und Mimik, auf Kleidung und Worte, die man wählt, genau zu achten. Achten Sie ebenso auf Ihre Gedanken, die Sie denken möchten.

Jeder Künstler, der vor sein Publikum tritt, bereitet sich vor, sitzt vorher in der Maske, bringt die Stimme in Stimmung, übt seinen Text noch einmal, macht Körperübungen, um mit positiver Energie in eine gute Haltung und Stimmung zu kommen.

Lehrer aber laufen häufig in welchem Zustand auch immer in die nächste Klasse, ohne sich auf ihren „Auftritt" vorzubereiten. Sie kommen erschöpft und ausgelaugt mit einem entsprechenden Gesichtsausdruck, fehlender Körperspannung… – und wollen allen Ernstes so Begeisterung unter den Schülern entfachen? Wie soll das gehen? Welcher Fußballtrainer könnte in dieser Haltung eine Mannschaft begeistern, welcher Künstler sein Publikum? Wer fühlt sich durch solche Auftritte motiviert?

Bitte denken Sie also daran: Ihre Stimme ist Ihr Instrument, der Körper Ihr Resonanzbogen. Also stimmen Sie sich ein wie ein Musiker, wenn er vor sein Publikum tritt. Und reißen Sie die anderen mit, denn gute Laune ist ansteckend. Und in jedem guten Lehrer steckt auch ein kleiner Schauspieler. Spielen Sie mit Ihrem Körper, mit ihrer Stimme, mit allem, was Sie haben.

Was genau können Sie tun, um auch die Körpersprache für den Auftritt fit zu machen?

- Tief und ruhig atmen, denn mit der richtigen Atemtechnik erhalten Sie die meiste Energie.
- Posen Sie, machen Sie ein paar Dehnübungen und gehen Sie wie ein König/eine Königin in die Klasse und nicht wie eine kleine, graue Maus.
- Auch auf dem Stuhl im Lehrerzimmer kann man Dehn- und Atemübungen machen.

- Solche Übungen können Sie auch in den Stundenbeginn integrieren, denn auch die Schüler haben Bewegung und eine gute Körperhaltung nötig!
- Wer der Klasse gegenüber die rosarote Brille aufsetzt und sie vorurteilsfrei betritt, der wird auch körpersprachlich entsprechende Signale aussenden.
- Üben Sie schon auf dem Flur eine nette Begrüßungsformel.
- Nutzen Sie Pausen möglichst zur Erholung, nicht um irgendetwas schnell und hektisch zu erledigen.
- Gehen Sie in Pausen raus und tanken Sie frische Luft.

TIPP 24 Kontrollieren Sie Ihre Gefühle

Emotionskontrolle bildet die Grundlage pädagogischer Arbeit und ist eine der Kernkompetenzen, über die Lehrer verfügen sollten – gerade im Umgang mit schwierigen Schülern.

Schwierige Schüler sind oft hochsensibel und werten teilweise schon strenge Blicke als Angriff auf ihre Person. Schüler, die sich persönlich angegriffen fühlen, werden sich verteidigen und Sie als Lehrer bekommen alle Facetten von Rechtfertigungen geliefert: *Ich war das nicht! Warum ich wieder? Ich habe mich nur verteidigt! Der hat so geguckt!*

Umso wichtiger ist es, dass Sie ruhig bleiben, wenn ein Schüler *hochfährt*. Gerade schwierigen Schülern gegenüber cool zu bleiben, heißt, ihre gewohnten Muster zu durchbrechen, denn damit rechnen sie nicht. Wenn Sie ruhig bleiben, bekommen Ihre Schüler ein unerwartetes Verhalten geliefert, an dem sie sich orientieren und eigene Muster verändern können.

Lehrer, die vor der Klasse Beherrschung, Haltung und Fassung verlieren, sind schlechte Vorbilder. Sie als Lehrer sollten Profi sein, denn Sie werden dafür bezahlt, die Kontrolle zu behalten und den Schülern ein gutes Vorbild zu sein.

Aussagen wie: *Der Schüler hat mich wütend gemacht! Die Schülerin hat mich auf die Palme gebracht! Wie der sich verhält, treibt mich in den Wahnsinn!* sind zwar in konfliktbeladenen Momenten nachvollziehbar und die damit verbundenen negativen Gefühle dürfen Sie auch als Lehrer haben. Sie sollten allerdings Strategien besitzen, damit professionell umzugehen und diese Gefühle bewusst so zu steuern, dass Sie weiterhin pädagogisch wirken können.

Die Olé-Technik z. B. kann helfen, Gefühle wie ein Torero im Kampfmodus zwar zu fühlen und ihnen nachzuspüren, sie aber dann zügig durchzuwinken. Das heißt, Sie nehmen Ihre Gefühle wahr, spüren ihnen kurz nach (Woher kommen sie? – meist sind es eigene Baustellen) und winken sie dann wie ein Torero durch, um weiter gezielt und kontrolliert agieren zu können.

Gerade Pädagogen sollten viele Handlungsalternativen zur Verfügung stehen, wenn es zu Konflikten und Regelverletzungen kommt. Dabei helfen beispielweise Kenntnisse der Mediation, des Konfliktmanagements und der gewaltfreien Kommunikation, die nicht nur adäquate Sprachmuster vermitteln, sondern auch Strukturen und Techniken zeigen, die zur Entspannung und Lösung von Konflikten beitragen.

Stets aber immer die Ruhe zu bewahren und vor allem immer zeitnah auf Konflikte zu reagieren, ist wichtig, insofern geht Konfliktbearbeitung immer vor Fachunterricht.

Nichts ist belastender, als Konflikte schwelen zu lassen, weil Gefühle so lange keine Ruhe geben, bis sich der Körper wieder aus dem Stressmodus verabschieden kann. Auch weil man niemandem Gefühle ausreden kann, müssen Unmut und persönliche Verletzungen möglichst immer sofort bearbeitet werden.

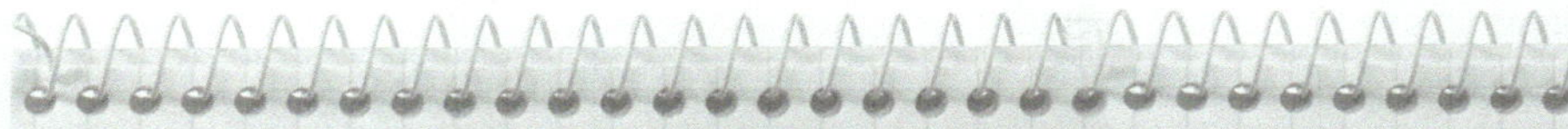

Bitte beantworten Sie für sich folgende Fragen:

- *Wie gelingt es mir, die richtigen Gefühle für adäquate Situationen zu kreieren?*
- *Was tue ich konkret, wenn ich mich von Schülern verletzt fühle?*
- *Gibt es typische, wiederkehrende Muster, bei denen ich mich angegriffen fühle?*

TIPP 25 Senden Sie Ich-Botschaften im Sinne der gewaltfreien Kommunikation

Mit der überlegten Ich-Botschaft behalten Sie jederzeit pädagogischen Einfluss auf Schüler.

Mit der überlegten Ich-Botschaft erfüllen wir die vier Komponenten der gewaltfreien Kommunikation von Marshall Rosenberg, (1) etwas zu beobachten, ohne sofort zu bewerten und zu ver- oder beurteilen, (2) unsere Gefühle beim Beobachten zu äußern, (3) unsere dahinterstehenden Bedürfnisse zu artikulieren und (4) zu sagen, was wir uns vom anderen wünschen.

Die überlegte Ich-Botschaft dient dazu, Konflikte beizulegen, ohne dabei die Beziehung zum anderen zu gefährden. So wird die geäußerte Kritik auf eine Weise verpackt, dass der andere sie nicht als Vorwurf empfindet und demzufolge keine Rechtfertigungsstrategien auffahren muss.

Ein Beispiel aus dem Unterricht:

1. „Maja, wenn du in meinen Satz hineinsprichst und mich unterbrichst,
2. ärgere ich mich,
3. denn ich fühle mich dann nicht wertgeschätzt.
4. Würdest du bitte warten, bis ich mit meinem Beitrag fertig bin?"

Die überlegte Ich-Botschaft klagt den anderen nicht an, sie nennt lediglich die konkrete Handlung, die unser Wohlbefinden beeinträchtigt, gibt unsere Gefühle in diesem Moment wieder und nennt unser Bedürfnis, das dahintersteht. In einem vierten Schritt kann man um eine bedürfniserfüllende kommende Handlung bitten.

Das Prinzip der gewaltfreien Kommunikation ist deeskalierend und wirkt präventiv. Es ist ein gutes Modell, Schülern Alternativen zu herkömmlich-gängigen, weniger auf Respekt fußenden Lösungsmustern von Konflikten anzubieten. Denn auch hier gilt: Die Schüler lernen von Ihrem Verhalten als Lehrer!